LA DÉFENSE DU PONT DU VAR

1800

Extrait de *La Défense du Var et le Passage des Alpes;*

Documents militaires du Lieutenant-général de Campredon [1]. Plon et Nourrit, 1890

Par M. Ch. AURIOL

CHAPITRE PREMIER.

On a beaucoup dit qu'en France la victoire suivait toujours de près le revers! Le passé l'a maintes fois prouvé. Rien ne serait en tout cas mieux fait pour encourager notre confiance en l'avenir que le tableau sur lequel s'est ouvert le siècle où nous sommes. Il est, en effet, peu d'heures où la France ait été, en apparence, aussi bas, en réalité, aussi près d'éclatants triomphes que les derniers mois de l'an 1799 et les premiers de l'an 1800. Un gouvernement faible et près de sa fin, la division et le désordre dans ses conseils, la guerre civile à l'Ouest et au Midi; nos troupes battues sur deux frontières, la Provence directement menacée et, dans ces circonstances critiques, notre meilleur général et notre meilleure armée perdus en Egypte : tel est l'affligeant spectacle qui se présentait aux yeux des Français effrayés [2].

A ce moment de crise, les historiens militaires se sont plu à retracer la fameuse campagne de Bonaparte, le passage du

---

[1] Nous avons ici même publié quelques documents militaires de la même provenance extraits de *La Défense de Dantzig.* Plon et Nourrit.

[2] Il est juste de rappeler qu'en Suisse Masséna avait arrêté à Zurich les alliés et que Brune avait eu des succès en Hollande. Le désordre régnant dissimulait des ressources qui ne demandaient qu'une main habile pour être mises en œuvre.

Saint-Bernard, la victoire de Marengo, ou parfois la magnifique défense de Gênes. En revanche, les souffrances de nos troupes dans la rivière du Levant n'ont été l'objet que d'une mention dans l'histoire, et la défense du Var elle-même, bien que célèbre, est demeurée comme amoindrie au milieu de ces grands événements. La postérité a détourné les yeux de cette vaillante et malheureuse armée d'Italie qui avait tant combattu et tant souffert, pour les reporter avec complaisance sur les jeunes troupes, qui gravissaient, en chantant, les Alpes. Elle n'a fait en cela qu'imiter le premier consul lui-même, qu'importunait quelque peu cette misère toujours geignante, et qui s'en détourna pour créer de toutes pièces la triomphante armée de Marengo.

C'est cependant la défense du Var qui a, autant que celle de Gênes, rendu possible le plan de Bonaparte et fixé au Saint-Bernard le passage des Alpes. La perte de l'Apennin l'avait reporté du Saint-Gothard au Saint-Bernard; sans la résistance de Suchet sur le Var, il eût fallu gagner le mont Cenis et peut-être courir en Provence. Car c'est bien sans contredit à la petite armée sans habits, sans vivres, sans ressources, commandée par celui qui devint, sinon le plus illustre, au moins l'un des plus complets des lieutenants de Napoléon, que la France dut de ne pas subir la honte d'une invasion.

L'un de nos compatriotes, le général de Campredon [1], né à

---

[1] Jacques-David Martin de Campredon, né à Montpellier le 15 janvier 1761. École de Mézières 1780; Capitaine 1791; Professeur à l'École polytechnique 1794. Chef de bataillon 1795 : Siège de Mantoue, Solférino, Prise de Bergame ; Chef de brigade 1797 ; Chef d'État-major du génie de l'armée d'Italie : Tagliamento, Palmanova, Gradisca Commandant en chef le génie de l'armée : Expédition de Rome. Campagne d'Italie, an VII, batailles des 6 et 16 germinal, 8, 23, 27 floréal, 2 messidor an VII ; Attaque de Ceva, passage des Apennins, bataille de Fossano. Général de brigade 1799, an VIII ; Membre du Comité technique du génie. Commandant en chef le génie de l'armée d'Italie : Défense du Var 1800. Directeur des fortifications. Inspecteur général 1806 : Défense des côtes de la Méditerranée, Fortifications de l'île d'Elbe. Armée d'Angleterre : Commandant le génie du camp de Saint-Omer. Armée d'Italie : Commandant le génie de Mantoue. Armée de Naples : Commandant en chef le génie 1806 ; Prise de Gaëte. Général

Montpellier, le 15 janvier 1761, marié dans cette ville, et mort également à Montpellier en 1837, commandait alors le génie du corps du général Suchet et lui servit de second à l'heure la plus critique de cette lutte. Il contribua à décider son chef à faire le sacrifice nécessaire de se retirer derrière le Var, et il lui fournit, au moment où l'ennemi victorieux allait violer le seuil de la France, le moyen d'arrêter net l'envahisseur.

C'est aux documents inédits laissés par lui [1], dus la plupart à la plume de Masséna et de Suchet, que nous devons d'avoir pu reconstituer le récit, fait par les acteurs eux-mêmes, de l'une des plus étonnantes campagnes de notre histoire, celle de l'an VIII, que termina Marengo. Nous en extrayons ce qui est relatif à l'organisation de la défense du pont du Var, par le général de Campredon.

Masséna avait pris en janvier, sur les instances pressantes du premier consul, le commandement de l'armée d'Italie, démoralisée par la désastreuse campagne de l'an VIII, fruit de la versatilité du Directoire. Il succédait à Championnet, mort à la peine, et qui, lui-même, avait remplacé la longue série de généraux qui s'étaient succédé en quelques mois à la tête de l'armée d'Italie. Le nouveau général en chef avait trouvé l'armée dans un tel état qu'il avait dû renoncer à prendre l'offensive et se borner à empêcher la dissolution complète des troupes qui lui étaient confiées.

de division 1806; Commandant en chef le génie français et italien; Directeur des ponts et chaussées; Ministre de la Guerre et de la Marine du royaume des Deux-Siciles; Prise de Capri, Campagne de Calabre 1810. Grande armée 1812; Commandant en chef le génie du 10ᵉ corps; Gouverneur général de Courlande; Commandant en chef le génie de la défense de Dantzig, prisonnier, 1814; Rentré en France. Inspecteur général. Cent jours, inspection des places fortes de la frontière du Nord, défense de la ligne de la Marne. Mis à la retraite, 1815. Membre du Conseil de perfectionnement de l'École polytechnique 1816; Inspecteur général des Écoles militaires, 1818. Pair de France, 1835. Mort à Montpellier le 11 avril 1837; Grand-Croix du mérite militaire ou Saint-Louis; Grand-Officier de la Légion d'Honneur; Grand dignitaire des Deux-Siciles.

Nom inscrit sur la face sud de l'Arc de triomphe de l'Étoile.

[1] Nous devons communication de ces documents à M. Louis des Hours, petit-fils du général, dont la descendance mâle est aujourd'hui éteinte.

Bonaparte, comprenant par les lettres de Masséna que la situation était trop grave en Ligurie pour que l'on pût faire autre chose que s'y défendre, chercha ailleurs qu'au Midi la route à suivre pour arriver à dégager la haute Italie. Alors prit corps dans son esprit le gigantesque projet d'aborder avec toute une armée les Alpes, qui, de ce côté, couvrent notre frontière, de les franchir en une saison où les piétons s'y hasardent à peine, et de tomber à l'improviste sur les Autrichiens tournés vers la Ligurie... Une armée de réserve sous ses ordres devait dans ce but se réunir à Dijon et à Genève, et se mettre en marche, dès que Moreau, en Allemagne, aurait écarté les Impériaux de la base des Alpes pour permettre à Bonaparte d'exécuter son mouvement par le Splugen ou le Saint-Gothard. Un corps de 30,000 hommes devait alors se détacher de l'armée d'Allemagne et se joindre à l'armée de réserve.

Nous ne pouvons exposer ici les phases diverses que traversa ce projet depuis l'heure où il fut conçu jusqu'à l'heure où il fut exécuté [1].

Bornons-nous à dire que le premier consul fut surpris au milieu de ses combinaisons par la brusque attaque des Autrichiens sur le col de Cadibone. Dès leur premier élan, ils coupèrent Masséna et son aile droite, du centre de l'armée d'Italie commandée par Suchet. Le premier fut rejeté sur Gênes, le second sur Borghetto avec 4 à 5,000 hommes qui semblaient devoir être rapidement enveloppés.

Grâce à l'énergie des généraux français, du 15 germinal au 12 floréal, la lutte persista autour de Savone et du mont Saint-Jacques, au milieu de rochers abrupts. Le général en chef et son lieutenant arrivèrent presque à se donner la main. Mais les masses autrichiennes étaient trop considérables pour que des corps aussi faibles pussent les percer. Bientôt Masséna fut définitivement bloqué dans Gênes, et Suchet, sans cesse menacé

---

[1] Voir pour la *Genèse* du passage des Alpes la 1re partie de la *Défense du Var et le passage des Alpes* : *l'Armée d'Italie et l'armée de réserve*.

sur sa gauche par les Autrichiens, menacé sur ses derrières par une insurrection, dut reculer de Borghetto sur Oneille et bientôt sur Vintimille.

« J'apprends avec plaisir votre arrivée, mon cher Campredon [1], écrivait-il au moment de quitter la ligne de Borghetto, le 12 floréal. On ignore dans le monde, vous ignorez que je me bats depuis le 15 germinal avec moins de 5,000 hommes contre un ennemi qui a toujours eu 15,000 hommes à m'opposer. Pour vous donner une idée de mes travaux, je vous envoie ma lettre au général en chef Berthier, lisez-la et faites-la partir de suite [2].

»Occupez-vous, je vous prie, de la ligne de Vintimille, il se peut que j'y sois poussé.

»Tout à vous, croyez à l'amitié de

»*Le lieutenant général*, SUCHET. »

Il recula ainsi d'un seul trait jusqu'à la hauteur d'Oneille, où il s'établit en arrière de l'arête qui descend du monte Maro à la mer. Il se trouvait ainsi sur l'emplacement même du mouvement insurrectionnel et le paralysait. Mais il n'était pas sans inquiétude sur ce qui se passait à sa gauche vers le haut Tanaro, qui, coulant parallèlement à l'Apennin et prenant sa source à peu de distance de celle de la Livenza, affluent de la Roya, et de celles de la Giriboute et de l'Arozia, permet de pénétrer, soit dans la rivière du Ponant, soit dans le bassin de la Roya. Un nœud de chemins, qui suivent, les uns les crêtes, les autres les vallées, donne accès, soit sur la Pieva, et de là sur Port-Maurice par Vasia ou par Montebello; soit, plus en arrière, sur Taggia; soit sur Breglio par Col Ardente et la madena di Fontan. Les Autrichiens pouvaient donc, sans forcer le col de Tende, déboucher sans artillerie, il est vrai, sur les derrières de Suchet, le devancer à Vintimille, tournant en même temps le général Lesuire qui gardait Tende.

---

[1] Le général de Campredon arrivait en poste de Paris (où il était retenu comme membre du comité du génie), pour reprendre le commandement de son arme à l'armée d'Italie.

[2] Lettre du 12 floréal à Berthier.

Aussi Suchet se demandait-il si la prudence ne lui ordonnait pas, au lieu de s'arrêter, de reculer sur la Roya[1].

« Plusieurs rapports m'ayant fait craindre pour le point du Col Ardente, je me suis déterminé à détacher le général Seras avec la 20ᵉ légère afin de se porter dans cette partie, de flanquer ma gauche et de communiquer avec vous[2]. »

Ses appréhensions étaient fondées, mais ce n'était pas le Col Ardente qui était menacé, c'était le col de Tende lui-même, défendu par 800 hommes à peine, et qu'allait aborder le général Gorrup, pendant qu'une attaque générale se produisait sur toute la ligne d'Oneille.

Le 16 floréal (6 mai), nos troupes avaient repoussé les attaques de l'ennemi; le 17, l'attaque se renouvelait appuyant surtout sur San Bartholomeo et Rezzo, où la brigade Cravey finit par être forcée après cinq heures de combat.

En même temps, la brigade Jablonowski était attaquée par trois fortes colonnes; le général Pouget, séparé de sa ligne de retraite sur Triola, dut redescendre sur Taggia par une marche de nuit des plus difficiles, presque toujours au milieu de l'ennemi.

Au moment où Suchet prenait le parti de se retirer sur la ligne de Vintimille, il apprit par le général Lesuire que le col de Tende était forcé et que la ligne derrière laquelle il comptait trouver un abri était compromise. A la même heure, arrivait en hâte le général de Campredon; il avait été averti avant son chef, par le poste télégraphique de la Bordighera, du danger qui menaçait l'armée.

Suchet fit appeler le général Garnier, qui connaissait le pays, et l'officier d'état-major Martinel, ancien chef de Barbets que le général Lesuire lui avait envoyé quelques jours avant. Les quatre officiers tinrent conseil; Campredon insistait sur l'impossibilité de se défendre ailleurs que derrière le Var et se faisait

---

[1] Il paraît évident que s'il l'eût fait, Tende, sans doute mieux gardé, n'eût pas été forcé.

[2] Lettre du 18 floréal à Lesuire.

fort de mettre cette ligne en état de défense avant l'arrivée des Autrichiens. D'autre part, les renseignements donnés par les autres officiers ne laissaient aucun doute sur l'occupation prochaine de Nice. Suchet prit sur-le-champ le parti de battre hardiment en retraite sur cette ville, en s'y portant d'un seul bond, de se retrancher sur le Var et d'y résister à l'assaut de Mélas.

Le général de Campredon s'embarqua le soir même à San Remo et débarqua dans la nuit à Nice pour prendre d'urgence les mesures nécessaires à la mise en état de défense du pont du Var. Rien n'y était préparé [1].

Bonaparte, au moment où ces graves événements se produisaient sur notre frontière, croyait encore Suchet sur la ligne de Borghetto, il sentait que le chiffre réduit de ses troupes ne permettrait pas d'y tenir longtemps. Aussi, pressait-il Moreau d'agir sur le Rhin, et Berthier de porter ses troupes en avant.

« Le général Mélas n'a besoin que de huit jours pour se porter de Gênes à Aoste et, s'il parvenait là avant que vous eussiez débouché seulement avec 20,000 hommes, cela lui donnerait des avantages immenses pour vous disputer l'entrée en Italie.

»Ainsi tâchez que le 20 (10 mai) le général Chabran, vos six premières demi-brigades, leur train d'artillerie, la demi-brigade de l'armée du Rhin qui garde le Saint-Bernard et le Valais, un millier d'hommes de cavalerie soient à Aoste et que le reste y arrive le 22 et le 23 floréal (12 et 13 mai).»

Il se décida même à inviter Moreau à détacher Lecourbe sur le Saint-Gothard, bien que le premier succès destiné à écarter les Impériaux de la Suisse ne fût pas encore annoncé. Mais avant même que le courrier fût parti, arriva la nouvelle de la victoire de Stockach, qui rejetait l'ennemi loin de la base des Alpes.

Le premier acte du plan de Bonaparte était donc en pleine action ; le second allait commencer. Il partit dans la nuit du 16

[1] *Itinéraire du général de Campredon*; 17 floréal, j'appris au poste télégraphique de la Bordighera que le col de Tende était forcé ; je joignis le soir le général Suchet à San Remo. Nous conférâmes avec le général Garnier et Martinel, officier piémontais, officier d'état-major, ancien chef de Barbets. Je m'embarquai pendant la nuit.

au 17 (6 au 7 mai) pour Genève. Il écrivait en même temps à Suchet :

« Le 24 de ce mois (14 mai), je serai moi-même dans les plaines du Piémont avec l'armée de réserve forte de 40,000 hommes, tenez ceci secret….. »

Pour arriver en Piémont, le 24 floréal (14 mai), il fallait ne rencontrer aucun obstacle, ce qui était peu probable. Mais la certitude de le voir déboucher prochainement sur les derrières de l'armée autrichienne devait donner à Suchet une assurance qu'il n'aurait pu avoir sans cela, et influer sur toutes ses déterminations.

A l'heure où Bonaparte arrivait à Genève, Suchet se jetait derrière le Var ; l'on était au 18 floréal, le passage ne devait, malgré tous ses efforts, commencer que vers le 25, cela reportait déjà en prairial l'arrivée en Piémont. Suchet devait jusquelà, avec 4.000 hommes harassés, réfugiés derrière un fleuve sans eau, supporter l'effort d'une armée victorieuse.

CHAPITRE II.

La route de la Corniche entre, à l'Est, dans Nice en passant au pied du mont Gros et sous le feu du fort Montalban. Elle traverse la ville, passe le Paillon, ressort à l'Ouest et file en droite ligne entre la mer et les coteaux jusqu'au Var. Autrefois, avant d'arriver au bord du fleuve, elle obliquait à droite, longeait le pied des hauteurs qui s'évasent en entonnoir, et allait chercher le pont de Saint-Laurent en face du village de ce nom, à 1.500 mèt. plus haut que le pont actuel et à 2 kilomètres environ de la mer. A droite de la route, les montagnes entassées s'abaissent rapidement jusqu'à Saint-Laurent, où elles deviennent simples coteaux. A gauche, les eaux bleues de la Méditerranée semblent vouloir remonter le lit de galets qui s'étale entre les berges du fleuve, sur une largeur de plus de 600 mèt. Aux trois quarts desséché, il coupe le littoral, les coteaux, et, comme une large route toute blanche, s'enfonce au cœur des monts jusqu'au Broc, où le pont de Saint-Martin a plus de 700 mèt. de long. C'est que là se heurtent l'Esteron et le haut Var, qui vient d'être lui-même rejoint par la Vesubia et la Tinea; le remous des eaux par les grandes crues a démesurément écarté les deux rives. Ces torrents descendent des vallées supérieures par des gorges encaissées, difficiles à aborder.

En revanche, dans la partie subitement élargie, du Broc à la mer, la pente est relativement douce, et les alluvions vers l'embouchure ont formé une plaine basse qui facilite l'accès du fleuve du côté de Nice [1]. Il est rare que le Var coule à pleins bords ; la plupart du temps, les eaux, en partie absorbées par les sables, serpentent au milieu des galets, se divisant en plusieurs bras peu profonds qui se rejoignent, se séparent de nouveau, et qui changent à chaque crue. Aussi, au premier aspect à la hauteur de Saint-Laurent, cet obstacle paraît-il peu fait pour arrêter longtemps la marche d'une armée.

C'est là cependant que Suchet comptait barrer la route à l'ennemi; c'est cette ligne du Var, considérée «comme une des parties faibles des frontières de l'ancienne France», que le général de Campredon, commandant en chef le génie de l'armée, s'était engagé à mettre en quelques heures à l'abri de toute insulte. Bien que la situation parût à beaucoup désespérée, comme on le verra par les lettres qui suivent, Suchet et Campredon, loin de se troubler et de se laisser entraîner à des sacrifices regrettables, estimèrent qu'il y avait plus à faire qu'à se réfugier sur la rive droite et à se borner à la défendre. Leur ambition fut tout autre : ils crurent devoir s'inspirer des projets du premier consul, qu'ils étaient seuls à connaître, et pouvoir escompter l'avenir. Il ne s'agissait pas uniquement à leurs yeux d'échapper à une armée nombreuse, il ne leur suffisait pas de l'arrêter sur le Var ; il fallait de plus se ménager la possibilité d'un retour

---

[1] Alluvions fort riches, connues sous le nom de « Iscles du Var ». On y a aujourd'hui formé un jardin d'acclimatation.

offensif, se tenir prêts à se lancer, au premier signal, à la poursuite des Autrichiens, et pour cela conserver les communications intactes. Barrer la route à un ennemi victorieux paraissait, en l'état, un but difficile à atteindre; mais l'arrêter sans rien laisser détruire de ce qui assurait les passages de l'une à l'autre rive était encore plus délicat.

Le général de Campredon y déploya l'activité et les talents qui l'avaient fait si vivement apprécier par Moreau, l'année précédente, et qui lui avaient valu d'être fait général à 38 ans [1].

Sur la rive droite du Var, les accidents de terrain lui permettaient de faire de Saint-Laurent une position dangereuse à aborder de front. La berge domine, en effet, constamment la rive gauche, et forme au-dessus du fleuve une muraille continue et presque à pic, d'une dizaine de mètres de haut, qui

---

[1] *Lettre du général Moreau, commandant en chef l'armée du Rhin au général de Campredon :*

« Je vous remercie des choses honnêtes que vous m'adressez. Quant aux remerciements que vous me faites d'avoir demandé que vous fussiez employé à l'armée du Rhin, c'était à elle surtout que je songeais, en pensant à vous y appeler...

» MOREAU. »

Précis des Événements militaires, Math. Dumas, tom. 1, pag. 206.

« Le général de Campredon est l'un de ceux qui ont su le mieux appliquer l'art de fortifier à la construction des ouvrages de campagne. C'est une justice rendue par tous les militaires de l'Europe aux ingénieurs français, qu'ils ont, pendant cette guerre, surpassé, dans ce genre de travaux, tous leurs devanciers. Ils ont mieux saisi les divers avantages du terrain ; ils ont donné à leurs tracés des développements plus étendus et mieux calculés pour l'emplacement de l'artillerie, la direction et l'économie des feux, et pour les mouvements et l'action de la troupe destinée à la défense des positions retranchées et des postes fermés de toute espèce. Le souvenir et l'image de plusieurs de ces grands travaux, que le changement des circonstances a fait raser et disparaître, méritent d'autant plus d'être conservés par les maîtres de l'art que ces progrès de la science sont précisément ceux dont l'humanité doit le plus s'applaudir ; car si cet accroissement de difficultés à vaincre et la sécurité qu'inspirent la force et le bon état des fortifications de campagne à ceux qui les occupent coûtent plus de service à l'attaquant, ces digues, plus souvent encore, arrêtent le torrent des dévastations, suspendent la fureur des combats et font consumer le temps au lieu de consumer les hommes.

» En moins de trois jours, la tête du pont du Var fut mise à l'abri d'un coup de main. »

commande non seulement le lit du fleuve, large de 600 mètres, mais encore la plaine basse qui s'étend sur la rive gauche. Ce rempart naturel règne jusqu'à l'embouchure et se retourne même le long de la plage, qu'il surplombe. Un chemin, légèrement encaissé et praticable à l'artillerie, le couronne, donnant de faciles communications avec le haut Var. Le village de Saint-Laurent forme, à la sortie du pont, un ensemble qui peut se défendre, et qui couvre le Var de ses feux; les maisons groupées au débouché de la route ouvrent un défilé difficile à franchir, s'il est gardé. Enfin, les eaux, tout en étant peu abondantes, creusent cependant une branche principale qui peut être passée à gué par des piétons, et qui suffit pour arrêter l'ennemi sous le feu de la rive droite.

Cette disposition des lieux, sans être par elle-même de nature à empêcher le passage du Var une fois le pont rompu, donnait de ce côté à la défense l'avantage du terrain. Bien plus, si l'on savait avec intelligence en tirer parti et préparer le champ de bataille, elle pouvait permettre d'organiser une barrière difficile à forcer, fermant le seul débouché par où pût, à l'aise, pénétrer une armée d'invasion.

Mais sur la rive gauche, qu'il fallait continuer à occuper pour atteindre le double but que se proposait Suchet, notre situation était moins bonne. La route de Nice longe, ainsi que nous l'avons dit, les coteaux et vient aboutir à un pont de bois de 600 mètres, construit sur pilotis au pied même des hauteurs qui s'élèvent en gradin jusqu'aux montagnes. Tout ouvrage servant de tête de pont était donc nécessairement dominé par elles, et le pont lui-même était enfilé et pris de flanc du haut de ses positions, que l'on ne pouvait conserver. Il semblait donc difficile de réaliser la seconde partie du programme, et de nous assurer en tout temps le moyen de déboucher sur Nice, les troupes que nous laisserions sur la rive gauche, n'ayant pour retraite « qu'un défilé de 300 toises, battu directement [1] ». Le gé

---

[1] Lettre de Suchet, du 7 prairial (27 mai).

néral de Campredon courut au plus pressé, tout en cherchant à obvier à ces inconvénients, et à compenser notre désavantage sur une rive, par l'appui que pourrait lui prêter l'autre [1]. Il releva les masses d'un ancien ouvrage qui avait jadis servi de tête de pont, le compléta et l'entoura d'un fossé plein d'eau. Il établit, à l'intérieur, des traverses pour garantir le mieux possible les troupes, les munitions, et pour protéger l'entrée même du pont. On fut amené, par la suite, à couper la berge par un retranchement, pour garantir l'ouvrage ouvert à la gorge, contre les assaillants qui pouvaient se glisser le long de la rive. Les alentours furent enfin garnis d'abatis que l'on étendit plus tard sur tout le front occupé par nos troupes.

Sur le pont lui-même, de distance en distance, des traverses furent bientôt établies pour diminuer le danger du passage [2] sous le feu de l'ennemi, et, plus encore, pour protéger le tablier même contre les boulets qui le pouvaient rompre. En prévision de ce dernier cas et pour éviter que la communication fût interrompue entre la tête de pont et le village, sur les divers bras du fleuve, des radeaux facilitaient le passage.

Sur la rive droite, pensant que l'ouvrage de la rive gauche serait peut-être forcé, sans que l'on eût le temps ou la volonté de détruire le pont, Campredon fit, en travers de la rampe d'accès qui, par la rue du village, montait à la route, une coupure liée aux remblais. Elle devait balayer d'un feu de mousqueterie le tablier, tandis que, à droite et à gauche, des pièces d'artillerie, placées sur la berge même, à l'abri de retranchements, enfilaient toute la longueur du pont. Dans les cours voisines était installé le parc du génie. A mesure que ces divers travaux furent menés à bien, et que, l'armée arrivant, on disposa de nouvelles ressources, la rive droite fut couronnée, de distance en distance, de retranchements destinés à recevoir de l'artillerie, dont nous verrons combien fut grande l'utilité. Elle devait tirer par-dessus

---

[1] Voir le rapport de l'attaque du 2 prairial et les lettres de Suchet.
[2] Rapport de l'affaire du 2 prairial.

le Var, et flanquer utilement la tête du pont, dont elle battrait au besoin la gorge, si l'ennemi venait à s'en emparer. Elle couvrirait au besoin la retraite de nos troupes sur l'ouvrage, protégerait leur passage, arrêterait l'élan de l'ennemi; elle pourrait, en cas de danger, concentrer ses feux sur le pont même et balayer le lit du fleuve. Vers la mer, pour flanquer cette longue ligne, Campredon traça une redoute qui devait éloigner les vaisseaux anglais, s'opposer à un débarquement et battre en même temps l'embouchure du fleuve. Enfin, sous la protection de la redoute, sur la plage formée au-dessous de cet ouvrage par les alluvions et par les sables de la mer, il organisa un poste télégraphique qui communiquait avec le fort Montalban [1]. Ce dernier, muni de signaux, devait renseigner l'armée sur les mouvements des Autrichiens. « En moins de trois jours, le pont du Var fut mis à l'abri d'un coup de main [2]. »

Ce n'était pas tout d'opposer, sur le point le plus directement menacé, un système de défense de nature à résister au premier effort de l'ennemi; il fallait se garantir sur la gauche et empêcher les Autrichiens, descendant des hautes vallées, de s'emparer de leur débouché, et de prendre des positions qui nous eussent obligés à battre en retraite sur Antibes et Toulon. Campredon, en attendant de pouvoir remonter lui-même le Var, expédia au Broc, à Gilette et à Malaussène des officiers du génie, qui devaient, dès la première heure, seconder le général Garnier, chargé de s'assurer de ces points importants pour notre sécurité.

Suchet était arrivé à Nice, le 10 au soir (30 avril); il trouva toute la ville en rumeur. Le bruit de l'arrivée des Autrichiens par le col de Tende avait épouvanté les uns et enchanté les autres. Le lieutenant général évacua de son mieux tous les services.

Le 20 (10 mai), il passait le pont de Saint-Laurent, et approu-

[1] Et bientôt avec le poste télégraphique également organisé par le génie à Gilette, au confluent de l'Esteron et du Var.
[2] Général Mathieu-Dumas.

vait toutes les mesures ordonnées par Campredon, qui assuraient d'ores et déjà un abri à ses troupes exténuées. Le 23, la première attaque trouva en effet le Var en état de défense.

«Malgré toutes les précautions que j'avais prises d'envoyer, le 18, une bonne demi-brigade par Sospello à Braus, écrivait Suchet à Masséna, je me suis trouvé dans la nécessité de porter une partie de mes troupes à Drap, en avant, pour arrêter l'ennemi; sans cela il arrivait dans la ville presque sans difficulté.....

J'ai fait reconstruire la tête de pont, qui va être armée de cinq bouches à feu.

Le général du génie, Campredon, m'a parfaitement secondé.»

Et dans la soirée du même jour, 12 mai, 22 floréal :

«Le passage du Var s'est opéré tranquillement à quelques fusillades près. Nous n'avons quitté Nice qu'à midi, après avoir assuré l'entière évacuation des effets militaires.

Le préfet national du Var est venu nous offrir tous les habitants de son département.

Les colonnes mobiles se forment, chacun veut défendre ses propriétés, et ils sont prêts à déployer l'énergie qu'ils mirent jadis à chasser l'ennemi de Gilette.

J'espère bien ne pas en avoir besoin longtemps.»

CHAPITRE III.

La difficulté du terrain, le défaut de ressources dont souffrait à son tour l'armée autrichienne, ralentissaient la marche de l'ennemi au moment où elle eût dû tout faire pour se hâter. Suchet profita de ce répit pour réparer la confusion inséparable d'une retraite hâtive et de l'évacuation d'une grande ville.

En reculant le long des Apennins, il avait ramassé les troupes qui garnissaient, soit les côtes, soit les passages des montagnes. Mais ces renforts n'avaient fait que combler les vides causés dans les rangs de sa petite armée par des combats journaliers. Il avait, au moment du passage du Var, de 4 à 5.000 hommes auxquels il faut ajouter les troupes dispersées sur la Tinea et dans les montagnes. Il se trouvait désormais commander à ce qui devait constituer les 4ᵉ, 5ᵉ, 6ᵉ et 7ᵉ divisions de l'armée d'Italie ; le général Turreau était passé, avec le corps que gardait le mont Cenis, à l'armée de réserve. Mais ces quatre divisions comptaient à peine, *sur les états*, 9,000 hommes et en réalité 4 ou 5,000 hommes valides. En revanche, chacune d'elles avait à sa tête un général et un adjudant général, ce qui, avec les commandants de l'artillerie, du génie et de la cavalerie, faisait en tout 19 officiers généraux. Jusque-là destinés à commander les renforts promis, ils étaient répartis sur la longue ligne des Apennins et sur la côte. La retraite les réunissait tout d'un coup sur le même point. Tel général de brigade ne commandait pas 800 hommes. A cela, venaient se joindre les généraux qui s'étaient repliés, avant l'arrivée de Suchet, derrière le Var à la nouvelle de l'occupation de Tende, et qui se trouvaient sans emploi. On comprend que cette accumulation d'officiers d'un grade élevé, oisifs et mécontents, ne pouvait qu'impressionner défavorablement les alentours, comme on peut le voir par la lettre suivante du préfet du Var au Ministre de la Guerre, antérieure du reste à l'apparition de Suchet.

«Citoyen Ministre, par un concours de circonstances malheureuses réunies à des fautes graves, le département du Var est devenu en huit jours une frontière ouverte, sérieusement menacée par un ennemi supérieur, et demain, cette nuit même, il peut être le théâtre d'une invasion suivie de dévastation, de ruine et d'incendie.

Des lignes formidables par leur position ont été abandonnées ; la ville de Nice est évacuée depuis aujourd'hui ; 18.000 Autrichiens bordent la rive gauche du Var; il ne reste plus entre eux et nous qu'un torrent et de 4 à 5.000 hommes de troupes rebutées, conduites par des généraux qui ne s'entendent point.

A la première nouvelle de ce mouvement rétrograde, je me suis porté sur la ligne du Var, et j'ai vainement cherché une armée. Je n'ai vu à sa place que des soldats débandés, des blessés abandonnés sur les routes et soupirant inutilement après des hôpitaux qui n'existent pas ; les évacuations de tous les genres se portent vers l'intérieur et jusques à Marseille.

La méthodique lenteur des Autrichiens peut encore nous sauver.

FOUCHET.»

Tout en faisant la part du style déclamatoire de cette lettre, il est permis d'y puiser une idée de ce qu'était la situation à laquelle devaient faire face les défenseurs du Var.

Les comptes rendus adressés au Ministre de la Guerre par le chef de brigade Vallongue [1] envoyé en poste de Paris, pour prévenir de vive voix Masséna de la marche de Bonaparte, nous donnent sur un ton plus simple et plus militaire la note exacte.

A Saint-Laurent du Var, le 21 floréal an VIII
à 2 heures après midi (11 mai 1800).

Après avoir été retardé au passage de la Durance, retardé par le versement de ma voiture, j'ai pris enfin, comme je vous l'annonçais par ma lettre d'Avignon, le parti de courir à franc étrier, et jamais sans cela je ne serais arrivé ici. Je viens d'y trouver le général Suchet, il avait reçu il y a peu d'heures une dépêche du premier consul qui le prévenait de l'objet de ma mission ; il luy écrit luy-même pour luy rendre compte de la position ; elle est telle, qu'après avoir tous ces jours derniers disputé le terrain pied à pied à un ennemi très supérieur en force, il est réduit à défendre avec une poignée de braves, exténués de fatigue et de besoins, la tête du pont du Var, *et s'il y est forcé, de se retirer en masse à Toulon*, après avoir approvisionné Antibes. Son corps est tellement diminué qu'avec les renforts qu'il attend il n'espère pas de réunir sous huit jours plus de 7.000 hommes ; il paraît néanmoins avoir réussi à attirer un corps considérable de l'armée ennemie et luy avoir fait essuyer des pertes sensibles. Les Autrichiens paraissent croire que votre armée de réserve est une armée imaginaire.

Les circonstances rendent très difficile, pour ne pas dire impossible, l'entière exécution de ma mission [2], c'est-à-dire mon passage à Gênes ; il eût été praticable quand l'ordre m'en a été donné, mais depuis nous nous sommes tellement éloignés, et les Anglais avec les caboteurs du pays surveillent si bien le trajet que rien n'y passe. On n'a pas de nouvelles du général Masséna depuis le 9 ; cependant, s'il faut en croire ceux qui s'en sont échappés à cette époque, les vivres ne doivent pas

---

[1] Pascal-Vallongue, né à Sauves, Gard, mort général de brigade devant Gaëte.

[2] Le chef de brigade Pascal-Vallongue était en effet séparé de Masséna par les troupes ennemies et ne pouvait, sans risquer de se mettre dans un mauvais cas, parvenir à Gênes ; car il n'était en liberté que sous condition de ne pas servir contre les Anglais, dont la flotte bloquait précisément Gênes. Il avait été pris par les Turcs au retour d'Égypte et délivré par l'intervention de l'amiral Sidney Smith.

lui manquer encore, il y a avec luy près de 10.000 braves, et les Gênois se montrent bien. Le général Suchet fait rechercher un bateau pour expédier au général Masséna une dépêche du premier consul et le compte de la dernière opération, on en trouve très difficilement quoiqu'en le payant très cher. Je lui ai fait part de ma position ; il la trouve très délicate, d'autant que toutes les probabilités se réunissent pour faire croire que je serais pris. Cela serait d'autant plus fâcheux pour moy, que je ne pourrais pas espérer de garder une sorte d'incognito. L'histoire de ma captivité ayant fait assez de bruit, lorsque M. Sidney Smith me retira du bagne ; cela engage à peu près le général Suchet à me faire remplacer par un autre officier de confiance; il n'est pas décidé, cela dépendra du plus ou moins de probabilité de passer que nous entreverrons d'ici à demain, quand on aura trouvé un bateau et un temps favorable.

Je resterai provisoirement auprès du général Suchet, j'y attendrai vos ordres pour m'en retourner et aurai l'honneur de vous écrire journellement.   Pascal-Vallongue.

Antibes, le 12 mai 1800 (22 floréal an VIII).

J'ai eu l'honneur de vous écrire hier de Saint-Laurent du Var pour vous annoncer que j'y avais joint le général Suchet, il avait reçu peu d'heures auparavant une dépêche du premier consul qui lui annonçait l'objet de ma mission, et il a dû luy expédier un courrier dans la journée pour luy rendre compte de sa situation; elle est telle, comme je vous le marquais dans ma lettre d'hier, qu'après avoir disputé pied à pied le terrain à des forces très supérieures, il a repassé le Var le 20 avec les débris de son corps réduit à 5 à 6.000 braves qui diminuent tous les jours et qui ont regardé comme un grand bonheur d'avoir eu aujourd'hui leur demi-ration de pain ; leur dénûment et leur misère sont au comble, les moyens de transport sont à peu près nuls: le service des subsistances, de l'artillerie et des hôpitaux en souffre au point de compromettre toutes les opérations; on cherche à y remédier; il est un peu tard, les fonds manquent, et les habitants se prêtent peu, on se plaint d'être négligé par le gouvernement, mais plus encore d'être en proie aux dilapidateurs, qui regardent depuis longtemps cette armée comme leur patrimoine et qui y dessèchent toutes les ressources. Un officier général digne de confiance me citait aujourd'hui, entres autres, un abus qui a été si funeste aux chevaux de l'armée, c'est que les entrepreneurs de fourrages à qui le gouvernement paye le prix exorbitant de 5 fr. par ration en laissent manquer presque constamment et marchandent ensuite avec les parties prenantes le remboursement en

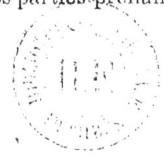

argent, qu'ils font en majeure partie à 75 cent. par ration. Le soldat se plaint parce qu'il souffre et qu'il meurt de besoin ; il *meurt*, c'est à la lettre. Les plaintes de quelques officiers généraux sont plus dangereuses ; il paraît qu'il y a trop d'officiers généraux, plusieurs sont inoccupés, les prétentions, les opinions, divergent ou se choquent et nuisent à l'harmonie nécessaire dans une situation difficile.

La position prise pour défendre le Var s'étend depuis son embouchure jusqu'à Gillette, la droite sous le général Rochambeau, le centre aux ordres du général Mengaud, et la gauche confiée au général Garnier, qui connaît parfaitement le pays; on ne sçait trop ce qui se passe dans la vallée de Barcelonnette, on fait demander au général Thurreau de l'appui et des communications plus fréquentes; le général Suchet, à qui j'ai remis ma lettre d'hier, doit vous envoyer copie de ses rapports au premier consul et au général Masséna, qui vous instruiront en détail de toutes ses opérations antérieures et de sa situation actuelle; les renforts des colonnes mobiles arrivent rarement, il est à craindre que le défaut de subsistances ne les éloigne dans peu. Le général Saint-Hilaire est attendu, il amène quelques renforts.

On a poussé ce matin une petite reconnaissance vers Nice, qui a attiré ensuite des Barbets sur nos avant-postes; une frégate anglaise qui croise entre Nice et Antibes a vivement canonné pour soutenir leur légère et insignifiante attaque. Un télégraphe établi au fort Montalban nous annonçait hier que trois régiments piémontais et autrichiens étaient entrés dans Nice et qu'un corps de 12 à 1,500 hommes paraissait sous le mont Gros. Nous sommes mal servis en espions ou pour mieux dire nous n'en avons point, et l'ennemi en est parfaitement servi; on craint que Savone, où l'on a laissé 6 à 700 hommes, ne soit tombée d'inanition. Villefranche tient encore, mais il paraît que l'ennemi est en force, car des barbets ont hasardé hier de passer le haut Var. Aujourd'hui, le baron de Mélas a écrit deux mots au général Suchet, pour lui envoyer une lettre à l'adresse de Mme Masséna, surprise dans des dépêches venant de Gênes; la lettre est datée de Bordighiera.

Il est arrivé aujourd'hui un bateau sorti de Gênes le 15 qui annonce que Masséna avait des vivres pour vingt ou vingt-cinq jours et qu'il était au moment de faire une sortie. Je vous marquais hier que les difficultés pour mon passage à Gênes avaient redoublé depuis que nous nous en étions tant éloignés. Cependant je suis tourmenté du désir de remplir les ordres du premier consul et de répondre à votre confiance, et je pourrais bien m'embarquer demain soir sur un speronare maltais que le général Suchet expédie; il est probable que je serai pris, je crains peu les mauvais traitements que je serai dans le cas de supporter, mais j'avoue que je me sens humilié, meurtri d'avance des reproches que ces Anglais qui m'ont tiré des fers des Turcs et qui ont eu pour moy les attentions les plus généreuses seront en droit de me faire sur mon infidélité à ma parole. Car de quelque prétexte que je couvre ma mission, je ne sçaurais leur en imposer, et cette nécessité même est déjà pour moi une peine grave ; cependant quand je réfléchis que le premier consul, connaissant ma situation, a ordonné, et que vous comptez sur mon dévoûment, je laisse là ces considérations qui me sont personnelles pour ne penser qu'à obéir, espérant que le gouvernement ne m'abandonnera pas dans l'embarras où je pourrais me mettre en exécutant ses ordres.

Salut et dévoûment respectueux.

PASCAL-VALLONGUE.

P. S. — Le général Suchet ce soir à Antibes a depuis hier soir son quartier général à Cagnes.

Le général Suchet avait d'abord porté à Antibes son quartier général. Il réorganisa son corps d'armée, profitant de la surabondance d'officiers généraux, pour donner du repos à ceux que les fatigues des derniers temps avaient épuisés, et pour mettre en avant ceux qui lui présentaient le plus de garantie. Il s'établit ensuite à Cagnes, plus près du Var, laissant en arrière tout ce qui n'aurait fait que l'embarrasser. Il partagea son corps d'armée en deux groupes; deux divisions restèrent sous sa main pour défendre le point le plus menacé, le pont de Saint-Laurent. Deux autres, les divisions Garnier et Mengaud (6° et 7°), les moins fortes, groupées sous le commandement du général Ménard, allèrent border le Var depuis le Puget, à 2 kilomètres au-dessus de Saint-Laurent, jusqu'à Malaussène, au-dessus de sa jonction avec la Tinea. Elles se donnaient la main au Broc, en face du pont de Saint-Martin, qui était rompu. Le général Garnier, qui connaissait parfaitement le pays, où il commandait déjà en 1795, devait prendre toutes les mesures nécessaires pour assurer notre extrême gauche. Les colonnes mobiles composées des habitants du Var, enrégimentés, allaient se joindre à lui pour défendre les défilés.

Avec les 4ᵉ et 5ᵉ divisions, le général Suchet garnit la rive droite du Var, depuis la mer jusqu'au Puget, occupa fortement Saint-Laurent et jeta une partie de ses troupes sur la rive gauche, dont il donna le commandement au général de division Rochambeau [1], récemment arrivé de Paris en même temps que le général de Campredon. Le service fut organisé comme dans une place assiégée, dont le Var aurait été le fossé et la tête de pont l'ouvrage avancé. Les brigades devaient se relever pour le service en avant du fleuve. A mesure qu'il pourrait être nécessaire de se porter en avant, les brigades de la rive droite devaient remplacer successivement dans la tête de pont les brigades qui gagneraient du terrain vers Nice. Le génie travaillait sans cesser à perfectionner ces ouvrages, à en établir de nouveaux; le général de Campredon, établi au Puget, d'où l'œil embrasse le pont de Saint-Laurent et le cours du Var jusqu'à l'embouchure, allait et venait sur toute la ligne.

Deux jours de repos à l'abri de tout danger imminent et une légère amélioration dans la nourriture rendirent au troupier son entrain et sa bonne humeur. Les nouvelles arrivant de Paris, le bruit de l'expédition du premier consul, qui commençait à se répandre, encourageaient chefs et soldats. L'on croyait même nos affaires beaucoup plus avancées qu'elles ne l'étaient. Sur la foi de la lettre de Bonaparte, Suchet considérait le Saint-Bernard comme franchi et attendait, l'oreille tendue à tous les bruits, le moment de repasser le Var.

Le passage des Alpes n'était, en réalité, pas commencé; l'avant-garde ne devait aborder le col de Tende que le 25 floréal (15 mai), et tant que l'on n'aurait pas fait parvenir l'artillerie[2] jusqu'en Piémont, la réussite était chose douteuse. Le danger subsistait donc entier pour les défenseurs du Var et devait se prolonger plusieurs jours encore; l'armée autrichienne, loin de songer à rétrograder, comme on le crut un moment, se concentrait au contraire pour forcer le pont pendant que la flotte anglaise cher-

---

[1] Fils du fameux maréchal de Rochambeau.
[2] Elle ne réussit à passer sous le fort de Bard que le 6 prairial (26 mai).

chait à jeter en Provence le général Willot [1], qui devait y provoquer une insurrection. Par trois fois, l'armée d'invasion devait se heurter en vain à l'obstacle jeté en travers de sa route par notre compatriote Campredon. Malgré les efforts des Autrichiens, malgré leur position dominante, malgré le feu plongeant des pièces débarquées par les Anglais, le pont du Var, « notre seul débouché carrossable en Italie », allait, grâce aux précautions prises, rester intact, et servir à notre offensive, après avoir assuré notre retraite [2].

[1] Le général Willot, membre du Conseil des Cinq-Cents, déporté à l'époque du 8 fructidor.
[2] Extrait de *La Défense du Var et le passage des Alpes*. Plon et Nourrit. En vente à Montpellier chez Calas, Coulet, Seguin, libraires.

Extrait du Bulletin de la Société Languedocienne de Géographie

(1890.)

Montpellier. — Typ. Caarles Boehm.

BIBLIOTHEQUE NATIONALE DE FRANCE

3 7531 03232270 4

www.ingramcontent.com/pod-product-compliance
Lightning Source LLC
Chambersburg PA
CBHW060600050426
42451CB00011B/2000